Simon Kerz

~

Träumend Erwacht

Eine Anthologie

Simon Kerz

~

Träumend Erwacht

Eine Anthologie

Über das Hier,
und Jetzt,
im Nichts.

Bibliografische Information der Deutschen Nationalbibliothek: Die Deutsche Nationalbibliothek verzeichnet diese Publikation in der Deutschen Nationalbibliografie; detaillierte bibliografische Daten sind im Internet über http://dnb.dnb.de abrufbar.

Coverdesign: Simon Kerz
Kontakt: info@simonkerz.org

Lektorat: Nina Bürgener

Verlag: BoD · Books on Demand GmbH, In de Tarpen 42, 22848 Norderstedt, bod@bod.de

Druck: Libri Plureos GmbH, Friedensallee 273, 22763 Hamburg
ISBN: 978-3-7597-8427-8

Dies ist ein Bericht

Ein Bericht, über ein Haus.
Über ein feines Haus.
Die Wände, glatt.
Innen wie außen.
Eine Fassade gleicht der anderen.
Ein Raum gleicht dem anderen.
Homogenität.
Die Möbel, leblos.
Nichts Geschwungenes.
Keine Phantasie.
Streng - linear.
Sterile Modernität.

Alles getaktet nach dem Menschen.
Automatische Wärme, automatisches
Licht, automatische Reinigung.
Alles ferngesteuert.
Wir automatisieren alles.
Wir automatisieren uns.

Kein Feuer, das wir entfachen müssen.
Wir sind im Gleichtakt.
Wir sind Fassaden.
Und die Fassaden sind unsere Spiegel,
im Objekt.

Zu hören noch die Tonsignale.
Der Wecker ertönt,
wir stehen auf,
auf zur Arbeit.

Es klingelt,
wir stehen auf,
auf zu Tür.

Nahrung geliefert, bereits bezahlt.
Ohne Kontakt. Kontaktlos.
Wir sind Pawlowsche Hunde.

Wir reduzieren uns auf einfache binäre
Speichertechnologie, indem wir Befehle

bestehend aus Nullen und Einsen
befolgen.

Jeder möchte jedoch sein - die Eins.
Denken in Dichotomien.
Exponentiell der Verfall.

Irgendwann sind wir automatisierte
Überbleibsel Künstlicher Intelligenz.
Eine Tragödie des Fortschritts.

So gleichen auch die Dialoge den
Fassaden.
Leblos, phantasielos, streng, linear, steril.
Vorprogrammiert.

Indem wir alles spalten und glätten und
vereinheitlichen,
tun wir das auch mit uns.

Teils mit Absicht,
aber größtenteils unkontrolliert.

Traktiert

Der Tag, beendet.
Die Nacht, flüstert.
Erbricht den Schlaf.
Der Kopf,
darf nicht überlaufen,
von dröhnend traktiertem Nachtgeflüster.

Die Nacht flüstert:
Trauma-Vergangenheit, Sorgen-Zukunft,
Schicksal, Zweifel, Zwielicht,
Irritationen.

Alles Schwere zugleich,
im Hier und Jetzt,
leicht möchte der Kopf sein,
möchte überlaufen,
möchte nicht traktiert sein.

Viele Menschen entwickeln vermindert
Ähnliches:
Angststörungen, Phobien, Depressionen,
Flucht, Sucht, Schizophrenie,
anatomische Schäden,
Gewichtsstörungen.

Allergische Reaktionen des traktiert
überlaufenden Kopfes, durch Geflüster.

Eingekreist von kreisenden aasfressenden
Gedanken,
stürzen sie im Sinkflug,
schnell der Angriff,
ertönt wie ein heller Tinnitus.

Kein Versteck,
ohne Deckung auf offener ebener Fläche.
Ausgeliefert.

Will schlafen wie ein Stein,
will unbewegt sein, wie ein Stein, denn
will nicht sein, ein Stein im Sein.

Ein Stein im Sein

Anstehendes Gestein bin ich,
nicht verfestigt bin ich.

Von hier oben schau ich in die Galaxie
und ich hoffe, ich erreiche sie nie
denn dann wäre vorüber in mir
die unendliche Phantasie.

Von oben verfolge ich die Menschen,
und höre sie über mich sprechen.
Klug sagen sie, Stein auf Stein,
sind untereinander allerdings Feindes
Feind.

Hoch kommen sie zu mir,
ich höre in ihrer Stimme die Gier,
sie denken sind ebenso groß,
doch in Wahrheit suchen sie Schoß.
Ich würde am liebsten fallen,

doch nicht als Opfer von Gier und deren
Krallen.
Falls doch, wäre ich immer Stein,
und niemals im Sein.

Ich wäre allein, wie ihr:
Etwas Steiniges auf Stein,
einsam und im Leer-Sein.

Es betrübt mich,
schwarz die Nacht,
des Menschen Schein so fern,
vernebelt den funkelnden Stern.

Bin ich wirklich Stein?
Fühle ich in mir ein Sein?
Oder bilde ich mir
in des Menschen Schein
nur ein Schein-Sein ein?

Ich möchte nicht mehr sein,
Stein auf Stein,
möchte prallen gegen die Wand,
denn dann werde ich fein wie Sand,
fliege dann tief ins Meer,
bin dann nicht mehr leer,
denn in voll geteilten Teilen,
bin ich im Ganzen mit den Vielen,
den Einen.

Gebrochene Lachende

Es ist Eis in ihrem Lachen.
Ein Lachen - das aus ihren eisernen
Herzen stammt.
Eiserne Herzen - die nicht biegsam sind
und starr.
Starr, all meinem inneren und äußeren
Wesen gegenüber.

Die Lachenden töteten Gott, und indem
sie Gott töteten, töteten sie auch ihre
Seelen.

Seelenvertriebene und einfache Vielfache
ihrer bösen Selbst.

Und indem sie ihre eisernen Herzen
duplizieren, entfernen sie sich immer
weiter vom aufrechten Kern.

Gebrochene Lachende, die sich und alles
in Kerker pressen. Sie versprühen
lachend kalte modrige Kerkerluft aus
ihrem atmenden Verlies.

Lose sitzen sie da, fest in ihren Sitzen
und lachen.

Lachen eiskalt aus eisernem Herzen.
Junge Geschöpfe, welche harte, alte,
eiserne Herzen mit sich transportieren.
Fast so alt wie der Mensch selbst.
Tragen Eisen, das unumwandelbar ist.

Als Lachende lernten zu verformen,
so verformten sie sich und alles in ihrer
Reichweite zu Eis.

Von aufblühenden Kindern bis hin zu
Urwäldern, produzieren sie Marionetten
durch ihre Erziehung zur Zucht, zu Eis.
Zu eisernem Eis.

Gedankenpuls I

Der Moment in Faszination ist harte
Prägung. Irreversible Entfaltung.

Das,
was ich zum ersten Mal erlebte,
Verwurzelung,
hast du mir genommen.

Schwacher Scherz

Infos zur Sequenz:

Dies ist eine fiktive Sequenz zu einer Figur, die eine scheinbare zwielichtige Person darstellt. Es findet ein Pokerspiel statt, in der die zwielichtige Figur mit anderen hochrangigen Persönlichkeiten aus Lobby und Politik pokert.
Nun geht es in die letzte Runde des Wettbietens und die Figur muss laut Regelwerk zuerst von allen Mitspielern seinen Einsatz benennen.

Monolog:

Nun sehe ich an ein paar Köpfen, dass
sie es nicht glauben können, mit mir, mit
dem Bösen Narr, an einem Tisch zu
sitzen.
Und entschuldigen Sie bitte den
Umstand, dass ich noch gar keine
Gelegenheit hatte, mich zutiefst für diese
herzliche Einladung zu diesem Tisch zu
bedanken. Naja, OK. Sie haben recht.
Ein klein wenig, sagen wir hauchzart,
war sie erzwungen.
Das musste ich tun: Denn sonst sehen
Sie mich im Fernsehen und könnten
meine bescheidene Wenigkeit im
falschen Licht dargestellt missverstehen.
Und diese ganzen Lügen um mich, kann
ich gerade in Ihren Köpfen so nicht ruhen
lassen.
Denn mal bin ich der Welt zu steil, weil
ich keinen Wert auf das Leben gebe.

Und mal sind Sie irritiert, weil ich Ihnen
zu raffiniert bin, als dass ich denn
überhaupt verrückt sein könnte.

Übrigens bin ich stetig raffiniert, weil ich
stetig einen Narr im Ärmel habe und weil
ich stetig der Narr bin.

Mal staunen Sie und beneiden mich um
meinen adligen, scharfen Sinn.
Und mal sind Sie abtrünnig schockiert,
weil Sie sehen, dass ich zu jeder
Sekunde zu allem bereit bin. Ich würde
darum mal so gerne Wetten, und der
Einsatz wäre ein Knopf. Ein Glitzerknopf
zum Abschuss sämtlicher Sprengköpfe
bestückt mit Atömchen.

Mal… mal… mal… aber jedes Mal, und
das definitiv immer, verehrte Mitspieler,
können Sie mich heftigst.
Fuck U All Star Clans.

Doch lassen Sie meine obszöne
Schlussfolgerung erklären, um möglichst
viele Missverständnisse zu vermeiden.

Ich war Niemand.
Niemand unglücklich.
Gemachtes Unglück.
Ein etwas durch euch produziertes,
Etwas.

Sie glauben mir nicht?

Aaach, was wäre doch aus mir
geworden, wenn ich nur auf einer
vergessenen Insel mit freundlichen Affen
in der Nachbarschaft aufgewachsen
wäre?

Unglückliches will niemand.
Ich wollte aber unbedingt sein, wie Sie.
Ein Etwas, das etwas mehr dazugehört.

Also dachte ich mir: Ich ritzte mir als
Erstes ein Lächeln in mein fahles Gesicht
und untermalte meine glanzlosen Augen
zu glücklichen.
Touché!

Mein Lächeln für Sie, für die Bühne, für
die Welt.
Und Sie schauen mich an und Ihnen
vergeht das Lächeln.
Das ist zutiefst bedrückend und nicht gut
für meine mentale Ausgewogenheit.
So viel Mühe gab ich mir, um so
manigfaltig zu sein wie Sie.
Seitdem ist dieser bedrückende Gedanke
allgegenwärtig und schlecht für mein
Mentales.

Ich muss Sie aber enttäuschen, wenn Sie
denken, ich wäre fragil.
Ja, ich setze Leben aufs Spiel, verbrenne
all ergaunertes Geld zu meinem

Wohlgefallen und Zug um Zug plane ich einen Rachezug nach dem anderen. Im Stillen nutze ich mein Wissen über Sie, über Ihre Angstsorgen, und zur Not nutze ich bedingungslos rohe Gewalt, um durch Gaunerei mein Ego in schwindelerregende Höhen zu treiben.

Denn nur das zählt: Alle Verstrickungen, um meinem Ego Platz zum Gedeihen und zum Ausmerzen zu geben. Ein Ego, das so kraftvoll ist, dass Sie, meine verehrten Herren, wie die Asche dieser köstlichst duftenden Zigarre abfallen würden.

Was Sie an mir nicht verstehen, und was mir bei dem ganzen stillen Drama um die Welt missfällt, ist der Punkt, dass ich, verehrte Mitstreitende, bin, wie Sie alle an diesem runden Tisch sind.

Ich bin das Böse Ihrer selbst in hoch konzentrierter Form. Ich bin das Originalgetreue des bösen Ursprungs. Ihr Böses ist nur eine schwache Kopie, eine Ironie, ein schwacher Scherz! Kompliment.

Das Leben, meine verehrten Herren, fühlt sich an wie die Atmosphäre in diesem entzückenden, pokerspielenden Beisammensein. Verkommen.

Übrigens: Wo sind eigentlich die Damen? Ach was soll's. Liegt wahrscheinlich an ihrem abschreckenden Teint.

Zu viel der Ausschweifungen. Lassen Sie uns innehalten.
Zurück zum Spiel, zurück zum runden Tisch.

Ich habe mich dazu entschieden, All-in
zu gehen. Ein blinder All-in.
Doch bevor Sie es mir nachahmen, All-in
zu gehen, denken Sie daran, dass ich
immer Narr bin.
Ihre Narren, und egal, wie viele Narren
Sie haben: Sie sind nur zufällig auf der
Hand!
Meine Narren nicht, weil ich mich dazu
entschieden habe, Narr zu sein.
Entschieden habe, der wahre Böse, der
einzig wahre Narr zu sein. Der Narr, der
tun und sagen kann was er will und wie
er will. Der Narr, der heute ihre Wege
kreuzt. Der Narr, mit Piks im Herzen.
Der Narr mit den Karo untermalten
Augen, damit sie stets durch meine
Augen an ihr kleinkariertes Wesen
erinnert werden. Der Narr der Schwarzen
Witwe, der das Spiel mit Spinnennetz
umspannt hat.

Definitiv und das immer, bin ich der
urböse Narr, allerdings, der höchst
wahrhafte Böse.

Gedankenpuls II

Ich gehe an die Grenzen,
um mein Dasein zu bestreiten.

In einer Schatulle finde ich Gedanken,
in denen die Zeitlosigkeit liegt.

Gitter

Ich schaute oft hinaus. Durch die Gitter
meiner Zelle. Lebenslänglich und
definitiv schuldig.

Die Gitter der Zelle pressten mich.
Irgendwann gab ich auf und ließ es zu.
Das Einpressen in mich hinein.

Etwas in mir wehrte sich und sprengte.
Alles um mich herum, und die Welt.
In mir die Kernfusion, und alles zerfiel.
Nun bin ich frei, hinter Gittern.

Menschen schauen von draußen auf die
unüberwindbaren Mauern und denken
an mögliche Taten der Eingesperrten.
Versuchen, sich hineinzudenken, in uns.
Denken aber nur kurz in uns hinein,
denn dann folgt die Verdrängung.

Ihr da draußen seid mehr eingepresst in
Gitter. Insassen wissen um ihr Dasein.
Denn sie sind in Kontakt mit den
Gittern.

Draußen seid ihr so eingepresst, dass ihr
euch die Gitter einverleibt habt.
Unbemerkt lebt ihr in Gittern und
berichtet von eurem Glück im Glück
- in Gittern.

Ihr lebt unwissend hinter unüberwindbar
hohen Mauern.
Unbewusst lebenslänglich.

Ich lebe unschuldig meiner Schuld
gegenüber.
Ihr lebt schuldig eurer Unschuld
gegenüber.

Seitdem schaue ich nicht mehr hinaus,
sondern hinein.

Gebrochene Spiegel

Spiegel spiegelt Spiegel.
Menschen spiegeln sich.
Abdruck für Abdruck.
Immer schwächer werdend.

Ein Mensch - zwischen spiegelnden
Spiegeln, und wir sehen alle Menschheit
in unendlicher Reihe aufgereiht.

Sie marschieren bereits durch unsere
Köpfe, durchkreuzen unsere Pfade.
Tragen alle das Gleiche und reden alle
das Gleiche.

Nur Schein, die Facetten.
Leere Silhouetten.
Der Schattenriss im Spiegel.
Wesen im Spiegellabyrinth.

Wir sind im Grunde dieselben Etiketten.
Etiketten eines Scheins.
Ein Schein im Außen.

Der Pfad zum inneren, tieferen Grund -
durchkreuzt!

Nach der Etikette eines Scheins zu leben,
ist genau das Dasein eines
Dressurpferdes.

Wie ein drangsaliertes Wesen,
das nicht auf ein offenes Gebiet stürmt
und sich statt dessen dem Schein fügt.
Den Spiegelungen.

Wir scheuen den Schmerz, die
Dressurpeitsche.
Ein Schmerz, unausweichlich, der bei der
Entdeckung eines eigenen Ichs ausbricht.
Jedoch lehrt der Schmerz auszuweichen.

Ohne ständigen Aufprall, kein Abrieb,
keine neue Form, keine neue eigene
Zusammensetzung - in uns.
Eine ununterbrochene Inflation.

So sind wir am Galgen unser eigener
Henker, durch die Spiegelungen
hindurch. Ohne übergeordnetes,
bestanderhaltendes Erstreben. Desolat.

Und so lange bleiben wir mehrfach
gebrochene Spiegel
und so lange sind wir bloß das Spieglein,
Spieglein an der Wand.

Es, die Überschrift, ist am Ende

Ich weiss nicht, aus welchen Molekülen
Es in meinem Körper zusammengesetzt
ist, und noch weniger weiß ich, woher Es
kommt und vor allem wozu?

Letztendlich sorgt Es immer dafür, dass
ich überall als Fremder gesehen werde.

Als Fremder durfte ich mal länger
bleiben, mal ganz kurz und manchmal
für immer.

Bedingung war dann, und das immer, Es
zu exekutieren.

Es, das Etwas, was mich ungewollt
unterscheidet.

Es, das immer in mir war, was ich aber
jetzt erst weiß.

Es ist nicht nachweisbar, weil Es weniger
als ein Atom wiegt, aber dennoch
unbegrenztes Entfaltungspotenzial hat.

Es ist all, universell, viel, aber doch eins.
Es ist fern.

Und Dinge, die in der Ferne liegen,
lassen sich nur schwer erklären.
Es ist nicht zu erfassen.

Es ist wie Antimaterie, die alles an sich
heranziehen kann und so verändern
kann wie Es will.

Teilchen würden fliehen, wenn sie
könnten.

Ich werde dieses Es nie entfalten und
nutzen können.

Zum Glück. Denn das Ego könnte
schnell denken, dass es das Es ist.

So wünsche ich mir aber doch, dass Es,
nach meinem Dasein, wenn Es dann
wandert, in einen guten Geist kommt.

Vielleicht dient Es dann doch allen
Existenzen, wenn der Mensch dazu
bereit ist. Es jedoch, bezweifelt diese
Varianz.

Denn dann sind alle Anfänge nichtig.
Am Ende.

Gedankenpuls III

Hätte es verändern können. Sollte aber
den Regeln folgen.

Brauche Raum, finde nur Kerker.

Schachmatt

Es ist Turnierzeit im Viertelfinale. Doch
unabhängig von der Anzahl der Siege bin
ich bereits jetzt schachmatt gesetzt. Das
Schachspiel, ein endloser, sich
wiederholender Zyklus. Die ersten Züge
der Partie bereits vollzogen. Nun bleibt
mir nur noch, mich zurückzulehnen,
denn der Ausgang des Spiels ist klar: Ich
werde siegen.

Den genauen Pfad zum Sieg kenne ich
natürlich nicht. Alles, was nun kommt, ist
variabel, aber durch die ersten Züge
bereits vorgezeichnet. Es geht nur noch
darum, ob das Spiel in Variante A oder
im Pfad X endet. Doch letztlich werde
ich siegen.

Solche Spiele können sich hinziehen. Je mehr der Gegner in die Ecke gedrängt wird, desto mehr Bedenkzeit benötigt er. In dieser Phase dehnt sich die Zeit aus und füllt meinen Kopf mit Gedanken – einem Vakuum gleich.

Ursprünglich konzentrierten sich meine Gedanken voll und ganz auf das Schachbrett, gedankenlos fixiert. Nun ist es rudimentär und redundant geworden – eine graue Schleife.

Das Spiel selbst, mit seinen Konstellationen und Figuren, erscheint herabwürdigend. Es ist auf falschen Prämissen aufgebaut. Alles dient dem Schutz des Königs, alles ist eine bloße Opfergabe.

Bauern fallen, Pferde sind in wechselnden Verschachtelungen

gefangen, die Dame ist gedacht für alles,
die Diagonalen schwarz-weiß fest
positioniert, der König hilflos, die Türme
sind Mauern.

Beim Nachdenken darüber, wie mein
Gegner seine Züge plant, erinnere ich
mich an ein altes Werk: "Ahme nach,
aber nicht die Schrift, sondern den
Geist." Die meisten ahmen Züge aus
Schachbüchern nach, jedoch ohne die
Raffinesse eines wahren Geistes.

Gegen einen wahren Geist versagen sie
alle. Ihre Muster sind zu offensichtlich,
durch viele Generationen hindurch
vererbt, von Muster-Mustermann zu
Muster-Mustermann. Musterkind.

Das Lesen und das bloße Übernehmen
fremder Gedanken erstickt den Geist.
Man reißt die Wurzeln fremder

Gedanken aus und versucht, sie in sich selbst einzupflanzen. Doch herausgerissene Wurzeln erzeugen gedankenlose Menschen und letztendlich eine weltlose Einöde.

Gedanken, die auf herausgerissenen Wurzeln basieren, lassen sich schnell identifizieren. Komprimiert man den Inhalt unterschiedlicher Dinge auf den Kern, erkennt man schnell die Analogie angeblich unterschiedlicher Dinge. Doch schnell erkennt man auch, dass diese Dinge wurzellos und ohne Halt sind.

In unserer Welt erhalten sie Halt durch den König. Wir übernehmen zu viele fremde Gedanken, um wir selbst zu sein.

So wie mein Gegner nun bemerkt, dass seine Schutzmauern das Gefängnis des Königs sind, sucht er einen Ausweg aus

dem Willen des Königs heraus, den ich
ihm definitiv nicht bieten werde.

Wie armselig doch der König ist – er
kann nichts Nennenswertes schaffen.
Doch alles bewegt sich zu seinem Schutz
und beugt sich seinem Willen. Der König
ist ein Synonym für gestörte
Machtverhältnisse, gestörte Verteilung
von Wissen und Besitz.

Doch alle beschützen den König, weil
uns beigebracht wurde, wie schmackhaft
es sein kann, das Ego gedeihen zu lassen.
Doch ein weit ausgedehntes Ego bringt
den Geist um – eine Exekution.

Je weniger freie und schöpferische
Gedanken in den Köpfen der Massen
vorhanden sind, desto mehr breitet sich
das Ego der Massen aus und verwirklicht

sich selbst zugunsten gestörter
Verhältnisse. Mutation des Menschen.

Lang lebe der König.

In diesem Spiel schauen Nationen zu.
Nationen, die versuchen, Menschen wie
Figuren auf einem Schachbrett nach
bestimmten Parametern zu definieren.
Dadurch stehen kulturelle Entwicklungen
durch nationale Identitäten im Kampf.

Plötzlich, Starre.
Mein Bauer fällt. Ich falle mit.
Ich bemerke nun, dass ich schon längst
gefallen bin. Gefallen, weil ich
insgeheim doch hoffte, ein stilles
Plätzchen auf dem karierten Feld
gestattet zu bekommen. Doch alles, was
sich auf diesem Brett nicht kategorisieren
lässt, ist schachmatt. Ausgemustert.

Schachmatt, weil Nationen dem Spiel
zuschauen. Schachmatt, weil ich mich in
schwarz-weissen Verstrickungen des
Seins verfangen habe. Schachmatt, weil
ich durch das Schachspiel inneren
Frieden erhoffte. Schachmatt, weil ich
auf der Welt eine friedvolle Weite suchte.

Schachmatt, weil ich meinen
Gegenspieler kleinkariert werte und mich
werten lasse. Schachmatt, weil ich
versuche, durch mein Sein zu
verdrängen. Schachmatt, weil ich Sieg
um Sieg in einer grauen, endlosen
Schleife lebe. Schachmatt, weil ich vor
einem maskierten Publikum spiele. Ein
Publikum, das nicht ahnt, dass das Spiel,
die Spieler selbst und alles andere
definitiv determiniert sind. Automatisierte
Marionetten, in dem Glauben ein
Bewusstsein zu haben.

Schachmatt, weil wir unter erratenen Prämissen leben. Unter diesen Prämissen positionieren wir uns und andere in einem schwarz-weiß karierten Spielfeld. Innerhalb dieses Königsgefängnisses aus Türmen sind wir gefangen.

Schachmatt über Schachmatt in einer endlos gemusterten Schleife.

Der Schein des Seins fällt nicht auf, weil nicht erkannt wird, dass er nur ein Resultat dichotomer Kategorien ist.

Die Welt zur einer Scheibe verformt. Zu einer bröckelnden Scheibe.

Ohne Titel

Träumend erwacht,
wurde es klar.

Leben,

in Konstruktionen,

in Illusionen der Träumenden.

Träumend erwacht,

wurde es klar.

Über den Autor

Simon Kerz entschied sich nach seiner Schulzeit für ein Studium der Mathematik und Philosophie. Eine Kombination, die seine analytische Denkweise und seine Leidenschaft für tiefgründige literarische Auseinandersetzungen widerspiegelt. Aktuell ist Kerz in verschiedenen Bereichen tätig. Das Schreiben war für ihn kein geplanter Schritt, sondern entsprang einem Drang nach kreativem Ausdruck und der Auseinandersetzung mit den existenziellen Fragen des Lebens. Im Rückblick betrachtet, war dies für Simon Kerz „ein einfacher, aber unausweichlicher Zufall".